DRAUSSEN NUR ÄNNCHEN

*für Rolf,
herzlich
von Klaus Hamann.
Juni 2018*

RR

Klaus Hansen

# DRAUSSEN NUR ■ÄNNCHEN

Wortspielereien

Roland Reischl Verlag

Bibliografische Information der Deutschen Nationalbibliothek:
Die Deutsche Nationalbibliothek verzeichnet diese Publikation in der
Deutschen Nationalbibliografie; detaillierte bibliografische Daten
sind im Internet über http://dnb.d-nb.de abrufbar.

Roland Reischl Verlag
Herthastraße 56, 50969 Köln
Tel./Fax: 0221 368 55 40
Internet: www.rr-verlag.de

Originalausgabe
© Roland Reischl Verlag, Köln 2017
Druck: TZ Verlag & Print GmbH
64380 Roßdorf
Alle Rechte vorbehalten
ISBN 978-3-943580-22-8

## Was in diesem Büchlein zu finden ist

Vorweg, als Motto, ein kleines *Anagramm,* das zum Lesen anregt.

Am Anfang steht ein Lexikon von *Verlesern* und *Verhörern,* durchsetzt mit einschlägigen und nicht immer wörtlichen Zitaten. Entstanden in der ereignisarmen Zeit des „Sommerlochs".

*Abkürzungen* und *Akronyme* führen selten zu der Würze, die in der Kürze liegen soll, sondern oft zu abstrusen Raffungen, wie man sie aus der Behördensprache kennt.

Unorthodoxe *Worttrennungen* erlauben überraschende Einsichten: Das Wort „übersetzen" fordert uns auf: „üb Ersetzen!".

Um die deutsche Sprache „rein" zu erhalten, führt man einen tumben Kampf gegen *Anglizismen* – und vergisst darüber die unzähligen „*-Ismen"*, die die deutsche Sprache bereichern und längst in ihr zu Hause sind.

Im Kapitel „Partitur der *Entstellungen*" werden Wörter und Wendungen durch Schwärzungen bis zur Kenntlichkeit entstellt. Das Balkenbild der Streichungen hat eine eigene Ästhetik.

Aufgepasst, Wörter transportieren *blinde Passagiere!* Im „Wirtschaftspionier" steckt der „Spion".

Auf „Mensch" reimt sich nur „Ranch", behaupten manche Witzbolde. Dass der *Mensch im Mittelpunkt* stehe, ist humanistisches Credo; aber nicht immer befindet er sich dabei in rühmlicher Gesellschaft.

Im Kapitel „*Visuelle Aphorismen*" wird demonstriert, dass die schriftbildliche Schönheit des Sinnspruchs Teil seiner Botschaft ist.

Ein Tannenbaum voller *Palindrome* steigert sich von 2 auf 57 Buchstaben und ruft zum Wettstreit um das längste von vorne wie von hinten zu lesende Gebilde auf – ein schönes Gesellschaftsspiel für lange Winterabende.

Am Ende sind Macht und Einfluss im Lande in zwei *Namensanagrammen* versteckt.

Das alles – und noch einiges mehr – ist in diesem Büchlein zu finden.

Inhalt

**1**
**Mein Sommerloch** 11

**2**
**Wortbrüche aus der Familie** 25
**BLUMENTO       PFERDE**

**3**
**Partitur der Entstellungen** 35

**4**
**Mensch im Mittelpunkt** 61

**5**
**Visuelle Aphorismen** 75

Autor 111

leis

ilse

lies

# 1

Mein Sommerloch

Marginalie (1)

**41 Fehler schaden nicht**

Gmäeß eneir Sutide eneir elgnihcesn Uvinisterät ist es nchit witihcg, in wlecehr Rneflogheie die Bstachuebn in eneim Wort snid, das ezniige, was wcthiig ist, ist dsas der estre und der leztte Bstabchue an der ritihcegn Pstoiion sehten. Der Rset knan ttoaelr Bsinöldn sein, todzterm knan man ihn onhe Pemoblre lseen. Das legit daarn, dsas wir nihct jeedn Bstachuebn enzelin leesn, snderon das Wort als Gnaezs.

## Kleines Verleser- und Verhörerlexikon Juli / August

| *f (alsch)* | *r (ichtig)* |
|---|---|
| abtreiben | arbeiten |
| Alkohol | Wahllokal |
| alkoholbereit | abholbereit |
| Altglas | Atlas |
| Amateur | Animateur |
| Anglerplatz | Anlegeplatz |
| Anmut | Armut |
| Anstandsdeutsche | Auslandsdeutsche |
| Apfel | Abfall |
| Araber | Arbeiter |
| Argentinien | Agentinnen |
| Arschlöcher | Startlöcher |
| Asyl | Acryl |
| Atemtechnik | Atomtechnik |
| Augenkomet | Agentenkomödie |
| Ausdauer | Adenauer |

Auf dem Plakat der Stadtbibliothek las er „Bauchausstellung" statt „Buchausstellung". Sein Übergewicht bekümmerte ihn sehr. (Robert Gernhardt)

| Babyschnuller | Beuysschüler |
|---|---|
| Bavaria | Havaria |
| Beatmung | Beamtung |
| Befehl | Behelf |

| f (alsch) | r (ichtig) |
|---|---|
| Befreiung | Bereifung |
| Beileid | Bielefeld |
| beleibt | beliebt |
| bemängeln | bemänteln |
| beobachtet | bedroht |
| bestreiten | beitreten |
| bettlägerig | bratfertig |
| Betrugsbetreuer | Berufsbetreuer |
| Bin Laden | Bio Laden |
| Blutstropfen | Blutopfer |
| Botanikgeneration | Beatnikgeneration |
| Brecht | Bericht |
| brüsten | abrüsten |
| Business | Businsasse |
| Buslinie | Bulimie |

Töchterchen Heike berichtet der heimkehrenden Mama, jemand von der „Bushaltestelle" habe angerufen. Da Mama den Anruf erwartet hatte, wusste sie, dass es die „Bußgeldstelle" war.

| | |
|---|---|
| Champion | Champignon |
| Charakterzüge | Charterzüge |
| Cholerikerin | Cholesterin |
| Collage | Kollege |

Als er auf das Wort „Vollkorntoast" trifft, liest er „Vollkommener Trost". (Wilhelm Genazino)

| f (alsch) | r (ichtig) |
|---|---|
| Damentennis | Dementis |
| Damoklesschwert | Demokratiedefizit |
| Delikatesse | Desinteresse |
| Demontage | Demagoge |
| Demoralisierung | Demokratisierung |
| Diogenes | Diagnose |
| Doktorarbeit | Dekoartikel |
| Dschungel | Duschgel |

Der Chinese nickte und lächelte und sagte freundlich „Dasein, Dasein". Das war deutsch und sollte „danke schön" heißen. (Volker Kühl)

| | |
|---|---|
| Eingeweide | Energiewende |
| Einlauf | Einkauf |
| Elefanten | Ehefrauen |
| Entenmann | Einatmen |
| Erkrankung | Erklärung |
| Erörterung | Errötung |
| erzstalinistisch | erstinstanzlich |
| essbar | erfassbar |
| Euter | Teuer |
| Exmann | Examen |

Und nun zum Wetter: Tagsüber leicht bewölkt. In der Nacht nimmt die Bevölkerung zu. (Westdeutscher Rundfunk)

| | |
|---|---|
| Froschkonzert | Forschungskonzept |

| *f (alsch)* | *r (ichtig)* |
|---|---|
| Frührentner | Führernatur |
| furzen | fünfzehn |
| Fußball | Fruchtfolge |

Er las immer „Agamemnon" statt „angenommen", so sehr hatte er den Homer gelesen. (Georg Christoph Lichtenberg)

| | |
|---|---|
| Gamsbärte | Grundsätze |
| Ganovenzug | Genovevaburg |
| Gaspest | Gespenst |
| Gebrechlichkeit | Gerechtigkeit |
| Gemüsebrühe | Gemütsruhe |
| Geschlechter | Gletscher |
| Generalvertrag | Generalverdacht |
| getütet | getötet |
| Glasnost | Gasnothahn |
| Götter | Güter |
| Göttingen | Göttinnen |
| Gnomanalyse | Genomanalyse |
| grotesk | getrost |

Weil er dauernd „Tschuldigung" murmelte, glaubten die Amerikaner, er hieße „Julian". (Ulrich Erckenbrecht)

| | |
|---|---|
| Halbbildung | Habilitation |
| Harnleiter | Heimleiter |
| Hartehundefest | Harvestehude |

| f (alsch) | r (ichtig) |
|---|---|
| Haus | Hass |
| Hautproblem | Hauptproblem |
| Heinzelmännchen | Einzelmaßnahmen |
| Helvetia | Heldenvita |
| Herzinfarkt | Heiterkeit |
| Hiroshima | Hosianna |
| Hochbetagtenmörder | Hochbegabtenförderung |
| Hörnerverein | Hörnerven |
| Hufeisen | Haufenweise |
| Hurensohn | Judensohn |
| Hurenpoet | Hurrapatriot |

Seinen Namen sprach er so undeutlich aus, dass ich verstand: „Ich bin vorerst krank". Es handelte sich um Forrest Gump. (Niklas Feld)

| | |
|---|---|
| Ich-Stärke | Ist-Stärke |
| Initiator | Imitation |
| Insekten | Inselkette |
| Invalidität | Individualität |
| Irrenanstalt | Innenstadt |

Im hell erleuchteten Schaufenster eines Lederwarengeschäftes las er auf einem kleinen Schild das Wort Attache-Koffer und dachte an Attentats-Koffer. (Wilhelm Genazino)

| | |
|---|---|
| Karfreitag | Karrieretag |
| Karriereschutz | Kariesschutz |

| *f (alsch)* | *r (ichtig)* |
|---|---|
| Kastanien | Kantinen |
| Katzenzüchterin | Kazettwächterin |
| Kernelemente | Kennenlernsortiment |
| Kinderschlachtfest | Kindschaftsrecht |
| kitschig | kritisch |
| Klärwerk | Klavierwerk |
| Klosterhof | Kostenlos |
| Konditor | Kondition |
| Kondome | Kantone |
| Kontinent | Kontinuität |
| Krawatte | Krawalle |
| Kreativ-Grill | Kreta-Grill |
| Krefeld | Kräftefeld |
| Kriemhild | Krimiheld |
| Krokodil | Kokosöl |
| Kuhhandel | Kunsthandel |

Statt „propriété privée, défense d'entrer" las er „... défense d'aimer".
(Peter Handke)

| | |
|---|---|
| labil | liberal |
| Lacoste-Intoleranz | Lactose-Intoleranz |
| Leben | Lesben |
| Liebhaber | Leihverkehr |
| Lösegeld | Losgelöst |

*f (alsch)*                      *r (ichtig)*

Das Juristische Staatsexamen beschäftigte ihn mehr, als ihm lieb war. Auf der Getränkekarte der Mensa las er „Organe der Justiz" statt „Orangen Juice". (Brons Field)

| | |
|---|---|
| Mädchengesicht | Mönchengladbach |
| Mediziner | Medienzar |
| Menstruation | Metrostation |
| Mitschwimmer | Matchwinner |
| Mordantritt | Machtantritt |
| mosaikartig | moskauhörig |
| Müdigkeit | Mündigkeit |
| Müsli | Muli |

Gayle Tufts sei ein „Pfundsweib", sollte es in unserer gestrigen Ausgabe heißen. Durch einen Übermittlungsfehler wurde daraus ein „Tuntenweib". Wir bitten um Entschuldigung. (Der Tagesspiegel, Berlin)

| | |
|---|---|
| Nackenstütze | Heckenschütze |
| Nacktbadeverbot | Nachtbackverbot |
| Nazis | Nizza |
| Niedersachsen | Kindersachsen |

Beim Lesen fielen mir die Augen zu. Aus einem „Fehlverhalten in Permanenz" wurde eine „Fellhandlung in Pirmasens". (Niklas Feld)

| | |
|---|---|
| obergärig | abergläubig |
| Oberlandesgericht | Orgelandacht |
| Odyssee | Ostsee |

| *f (alsch)* | *r (ichtig)* |
|---|---|
| onanieren | opponieren |
| Onkel Tom | Opel Team |
| Opferzelle | Offizielle |
| Ostertraum | Ostseeraum |

„Sterbefurt und Geball"
(Bergischer Bote, Solingen, über der Rubrik „Sterbefall und Geburt")

| | |
|---|---|
| Peinlichabend | Heiligabend |
| Penisörtchen | Pensiönchen |
| Pharmaprofite | Pharmaphrodite |
| Piratensender | Privatsender |
| pissen | quizzen |
| Pissimist | Pessimist |
| Propaganda | Propangas |
| Prozess | Protest |
| pubertieren | publizieren |

Als er erstmals das Wort „Perspektive" hörte, erfasste er intuitiv seine Bedeutung: „fiktiver Speck". (Michel Leiris)

| | |
|---|---|
| quälen | wählen |
| Quark | Lack |
| Quasi | Stasi |
| quatschen | quetschen |
| Quote | Queue |

| f (alsch) | r (ichtig) |
|---|---|

Das Kind hörte die Erwachsenen sagen, Kinder seien die Garanten der Zukunft. Was, fragte es Mutter, sind Granaten der Zukunft? (Heinz Küpper)

| | |
|---|---|
| Raketenkrieg | Ratenkredit |
| Rente | Renate |
| Restrisiko | Restriktion |
| Riesenschlange | Risikoschwangere |
| Riesling | Reiseletung |
| rivalisieren | revitalisieren |
| Rückgrat | Rückgabe |
| Ruhrgebiet | Reinheitsgebot |

„1 Expl. Faschingsmusikanalyse 12,80". (Quittung der Buchhandlung ROSTA über den Kauf des Buches „Faschismusanalyse")

| | |
|---|---|
| Säufer | Staufer |
| Salatschüssel | Salutschüsse |
| Schafskäse | Schlafsäcke |
| Schlafanzug | Strafvollzug |
| Schmierherr | Schirmherr |
| Schöffen | Fröschen |
| schwachsinnig | schwachwindig |
| Schwiegermutter | Schweigeminute |
| schwindsüchtig | windgeschützt |
| Selbstverleugner | Selbstverleger |
| Singlefrau | Skilanglauf |
| Slalom | Salomon |

| *f (alsch)* | *r (ichtig)* |
|---|---|
| Sommerferien | Sommerreifen |
| Stallmist | Stalinist |
| Staubsauger | Staatsbürger |
| Straßenbau | Stressabbau |
| Strömung | Störung |
| Studenteneuter | Sudetendeutsche |

Er war hochgradig politisiert. Wo „Vitamine" stand, las der „Vietnam", und wo „Süd-Früchte" stand, „Süd-Vietnam". (F. W. Bernstein)

| | |
|---|---|
| Teamarzt | Tierarzt |
| Terrorie | Theorie |
| Therapeutenfamilie | Theaterpremiere |
| Thomas Mann | Tomaten Mark |
| Tierfreund | Tiefstand |
| Tischehe | Tscheche |
| Totalausfall | Todesfall |
| Toscana | Toncassette |
| Totentanz | Toleranz |
| Trauerarbeit | Tiefbauarbeit |
| Tretmine | Termine |
| Turmbau | Traumurlaub |

Als er eine Erdgas-Reklame sieht, zieht es ihn zu den Bildern von Edgar Degas nach Paris. (Wilhelm Genazino)

| *f (alsch)* | *r (ichtig)* |
|---|---|
| überfoltert | überfordert |
| Überteuerung | Überzeugung |
| Umwelthektik | Umweltethik |
| unbändig | unabhängig |
| unehelich | unehrlich |
| Unfug | Rundfunk |
| Ungeziefer | Unteroffizier |

Die Gegner des Führers brabbelten den gebotenen Gruß „Heil Hitler" so undeutlich vor sich hin, dass der 11jährige immer nur „Ein Liter" verstand.
(Samy Diter)

| | |
|---|---|
| verärgert | verlängert |
| Verfilmung | Vermittlung |
| Vermögenstraining | Vormittagstraining |
| verpissen | verpassen |
| versteckt | verstärkt |
| Vision | Unsinn |
| V-Mann | TV-Mann |

Die Priester murmeln „Kyrieleis", die Leute verstehen „Curryreis".
(Ulrich Erckenbrecht)

| | |
|---|---|
| wacklig | radikal |
| Warenzentrum | Warzenmann |
| Waschlappen | Wahlschlappen |
| Webseiten | Wiesbaden |

| *f (alsch)* | *r (ichtig)* |
|---|---|
| Weiberbildung | Weiterbildung |
| Wellenreiter | Weltenretter |
| Wellershoff | Weltherrschaft |

Wiederholt warnte der bayrische Politiker vor dem „Wurstkäs". Erst spät wurde mir klar, dass „Worstcase" gemeint war. (Hans Gerber)

| | |
|---|---|
| zierlich | ziemlich |
| zieluriniert | zielorientiert |
| Zugabteil | Zugabeteil |
| Zugunglück | Zungenstück |

„Super lässiger Rentner für Gartenarbeit gesucht". Ein älterer Mann meldete sich auf die Stellenanzeige. Er gab an, doppelt geeignet zu sein. Sowohl super lässig als auch zuverlässig. (Brons Field)

# 2

Wortbrüche aus der Familie
BLUMENTO          PFERDE

Marginalie (2)

## ZIG-Kampagne erfolgreich

Die im Juni d. J. gestartete ZIG-Kampagne („Zeit ist Geld") trägt erste Früchte. Dank zahlreicher Vorschläge aus der Bevölkerung konnten bereits in der zweiten August-Woche folgende Abkürzungen und Akronyme von der Obersten Sprachbehörde Taunusstein (OBST) bestätigt und für den sowohl zeitsparenden als auch aussagekräftigenden Umgang mit unserer Muttersprache („In der Kürze liegt die Würze") verbindlich gemacht werden:

| | |
|---|---|
| **Abt.** | Arbeit |
| **Amt.** | Anmut, auch: Armut |
| **Satt.** | Saatgut |
| **LOB** | Leben ohne Braunkohle |
| **RUSCHOWA** | Ruinen schaffen ohne Waffen |
| **TRUG** | Treu und Glauben |
| **ULKIG** | Unabhängige Landesstelle für Kinder in Geldnot |

U. w. Vschlge. w. lfd. geb.

MfG

i. A. *Happ*, ROAR

(OBST)

| | |
|---|---|
| E | HERING |
| ÜB | ERSETZEN |
| SO | FATISCH |
| ER | BLASSER |
| LEHRE | RINNEN |

| | |
|---|---|
| BA | ROCKMUSIK |
| ABC | HASEN |
| FAN | GMENGE |
| OBST | IPATION |
| COMI | CHEFT |

| | |
|---|---|
| STEG | REIF |
| SERV | ICETEAM |
| UREN | KEL |
| GANG | STERBOSS |
| HORTEN | SIE |

| | |
|---|---|
| GAGAU | TOR |
| OSTER | WEITERUNG |
| AUSCH | ECKEN |
| ANGEL | IKA |
| STAAT | SEXAMEN |

| | |
|---|---|
| NIVEA | ULOS |
| UNGER | ECHT |
| JUNGEL | STERN |
| TOPPER | FORMER |
| MENTHOLZ | IGARETTE |

| | |
|---|---|
| VERDUN | KELN |
| AUTOREN | NEN |
| GROSSER | FOLG |
| SPARGEL | DER |
| BADDE | SIGN |

| | |
|---|---|
| KADERUM | BAU |
| FLUTSCH | EINWERFER |
| DRUCKER | ZEUGNISSE |
| ESSBEST | ECK |
| RUMA | ROMA |

| | |
|---|---|
| ALTBAUCH | ARME |
| AUTOMIETZEN | TRALE |
| ROHR | OHRZUCKER |
| MESSERATTEN | TAT |
| FAHRZEUGINNEN | AUSBAU |

# 3

Partitur der Entstellungen

Marginalie (3)

**German spoken**

Von der Auskunft zum Infopoint, vom Hausmeister zum Facility Manager. Die vielen *Anglizismen* in der deutschen Sprache werden laut beklagt. Verhunzung unserer schönen Muttersprache! An die *Gallizismen* scheint man sich gewöhnt zu haben (Alarm, Brikett, Fabrik). *Latinismen* (Kalorie, Komplexität, Advokat) erregen ebensowenig Aufsehen wie *Gräzismen* (Akustik, Logik, Pseudonym). *Polonismen* (Mottek, Plauze, Gurke) und *Tschechizismen* (Pistole, Quark, Zwetschge) behandeln wir wie Eigengewächse. Keinerlei Ressentiments gegenüber *Russizismen* (Balalaika, Mammut, Steppe) und *Iranismen* (Basar, Scheck, Paradies). Selbst *Inuktizismen* (Anorak, Iglu, Kajak) heißen wir willkommen und geben uns judenfreundlich gegenüber *Hebraismen* (Bammel, Maloche, Tacheles). Die *Germanismen* freilich, die muss man inzwischen in anderen Sprachen suchen: Schadenfreude, Niedertracht, Gemütlichkeit. – Einige Wörter lässt man gerne ziehen, andere finden in der Fremde schnell alte Bekannte. Auf die Gemütlichkeit wartet schon das Heimweh.

**Ist die beste Subversion nicht die,
Codes zu entstellen,
statt sie zu zerstören?**

Roland Barthes

# Roken is ▮o▮▮k

# Roken is ▮o▮k
## WEGEN ▮ ZU▮ GESCHLOSSEN

42

# Roken
## is ▮o▮▮k
## WEGEN ▮ ZU▮
## GESCHLOSSEN
## B▮REIT WIE NIE

44

# Roken
## is ■o■k
# WEGEN ■ ZU ■
# GESCHLOSSEN
# B■REIT WIE NIE
## Ver ■ soffener Sonntag

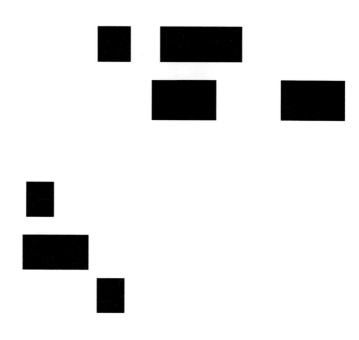

# Roken
## is ■o■k
# WEGEN ■ ZU■
# GESCHLOSSEN
# B■REIT WIE NIE
### Ver■soffener Sonntag
### Neu: ■HE ART OF COLOGNE

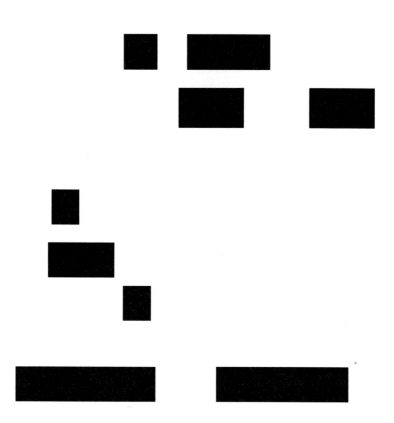

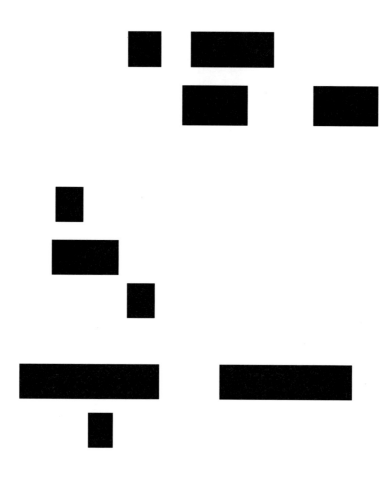

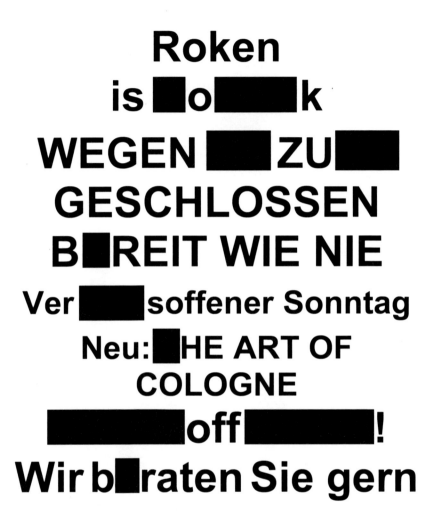

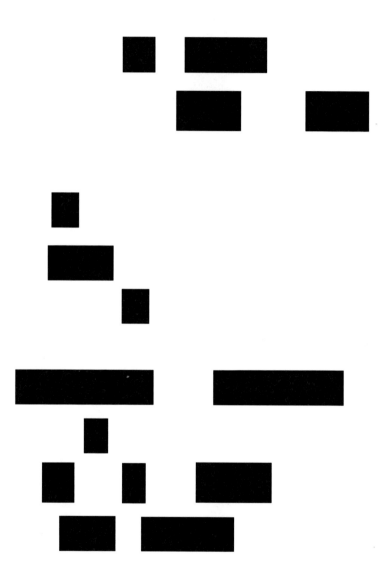

Roken
is ■o■■k
WEGEN ■ ZU■
GESCHLOSSEN
B■REIT WIE NIE
Ver■■soffener Sonntag
Neu: ■HE ART OF COLOGNE
■■■■■off■■■■■!
Wir b■raten Sie gern
■lei■ch■■en
■k■■iller

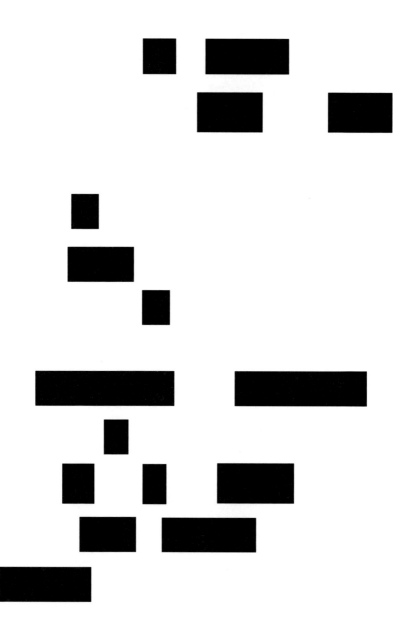

Roken
is ▉o▉▉k
WEGEN ▉ ZU ▉
GESCHLOSSEN
B▉REIT WIE NIE
Ver ▉ soffener Sonntag
Neu: ▉HE ART OF
COLOGNE
▉▉off▉▉▉!
Wir b▉raten Sie gern
▉lei▉ch▉▉en
▉k▉▉iller
▉▉▉ENTENZIMMER

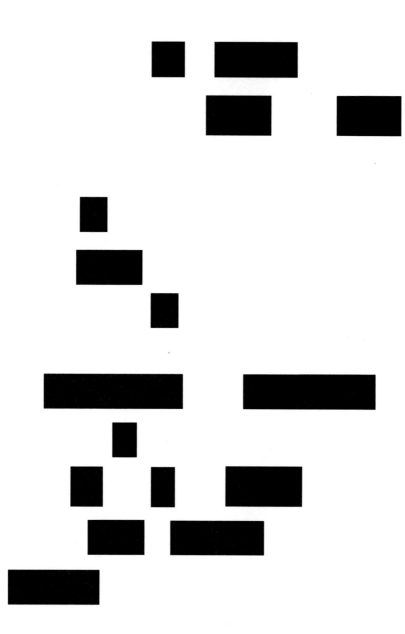

Roken
is dodelijk
**WEGEN UMZUGS GESCHLOSSEN**
**BEREIT WIE NIE**
Verkaufsoffener Sonntag
Neu: THE ART OF COLOGNE
Graffitioffensive!
Wir beraten Sie gern
Fleischwaren
Erik Schiller
DOZENTENZIMMER

**Roken
is dodelijk**
(holländische Warnung vor Zigaretten)

**WEGEN UMZUGS
GESCHLOSSEN**
(Kaufhaus Politicky, Echternach)

**BEREIT WIE NIE**
(WM-Motto der deutschen Fußballnationalelf, 2014)

**Verkaufsoffener Sonntag**
(Stadtmarketing Ratingen, 2016)

**Neu: THE ART OF
COLOGNE**
(Kunstausstellung, Köln 2004)

**Graffitioffensive!**
(Aufruf City-Künstler „SprayAthen", Berlin)

**Wir beraten Sie gern**
(Metzgerei & Partyservice Fischer, Paffrath)

**Fleischwaren
Erik Schiller**
(Geschäftsschild, Anröchte)

**DOZENTENZIMMER**
(VHS Harsewinkel)

sponsored by

## SENIOREN RESIDENZ ■ROSENPARK

vormals:

## SENIOREN RESIDENZ ArthROSENPARK

keine schuld

**DER** ein

mensch? ein mann?

namens floh?

in gefangenschaft?

**GEFANGENE**

oder auf der flucht?

oder ein tier?

in der matchbox?

**FLOH** oder

etwas achtes? neuntes?

trifft die sprache gewiss

für den fall, dass wir uns verstehen,

Mensch im Mittelpunkt

Marginalie (4)

## In jedem Pelz sitzt eine Laus

Lies sie heraus:

schreIBMaschine

wirtschaftSPIONier

oder lies sie hinein:

anARSCHie

Augen auf bei gedoppelten Wörtern:

augen

auGENAUgen

einstimmen

einstimmeNEINSTIMMEn

stimmenfang

stimmenfANGSTimmenfang

wird

Ar
# MENSCH
icksal

Da

# MENSCH

irm

der

mensch




Fir
# MENSCH
ild

Dra

# MENSCH

reiber


dem

mensch

Sa

# MENSCH

leuder

The

# MENSCH

werpunkt

zur

qual

Rie

**MENSCH**

neider

Flam

# MENSCH

ein

nimm

anthro

Blu

# MENSCH

ale

Dau

# MENSCH

raube

po

fugal

Pflau

# MENSCH

naps

Marginalie (5)

## Aus dem Lateinischen

### Homo homini lupus

Zwei Menschen
sind einer
zu viel

### De mortuis nil nisi bene

Seinen guten Ruf
erwarb er sich erst im Nachruf

### Ars longa vita brevis

Wenn dir der Arsch auf Grundeis geht
leg Elvis auf

### Si tacuisses philosophus mansisses

Wer klug ist
redet sich nicht um Kopf und Kragen

Visuelle Aphorismen

Marginalie (6)

Wir gehen voRWEg

*Energiedialog*

Ihr da OHM macht

WATT ihr VOLT

willst

du

vergessen

drück

die

ta **S**

**S**

**S**

**S**te

speichern

**fair** ist es
den anderen
aus reden zu lassen
**tolerant** ist es
ihm dabei
zuzuhören

erst
wenn du
die Antwort hörst
weisst du was
du gesagt
hast

```
                                    wwwwwwwwwwwww
                              iiiiiiiiiiiiiiiiiiiiiiii
                            eeeeeeeeeeeeeeeeeeeeeeeeeee
                             kkkkkkkkkkkkkkkkkkkkkkkkkkk
                          aaaaaaaaaaaaaaaaaaaaaaaaaaaaaaaaaa
                         nnnnnnnnnnnnnnnnnnnnnnnnnnnnnnnnnnnn
                        nnnnnnnnnnnnnnnnnnnnnnnnnnnnnnnnnnnnn
                       eeeeeeeeeeeeeeeeeeeeeeeeeeeeeeeeeeeeeee
                       cccccccccccccccccccccccccccccccccccccc
                       hhhhhhhhhhhhhhhhhhhhhhhhhhhhhhhhhhhhhh
                      eeeeeeeeeeeeeeeeeeeeeeeeeeeeeeeeeeeeeeee
                      sssssssssssssssssssssssssssssssssssssss
                     sssssssssss          sssssssssssssssssssssss
                     eeeeeeee             eeeeeeeeeeeeeeeeeeeeeeeee
                      wwwww                wwwwwwwwwwwwwwwwwwwww
                                           aaaaaaaaaaaaaaaaaaaaaaaaa
                                           tttttttttttttttttttttttt
                                           eeeeeeeeeeeeeeeeeeeeeeee
                                           ccccccccccccccccccccccc
                                           hhhhhhhhhhhhhhhhhhhhhhh
                                           dddddddddddddddddddd
                                           eeeeeeeeeeeeeeeeeeeee
                                           nnnnnnnnnnnnnnnnnnn
                                           kkkkkkkkkkkkkkkkkk
                                           eeeeeeeeeeeeeeeeee
                                           iiiiiiiiiiiiiiiiii
                                           hhhhhhhhhhhhhhhhh
                                           dddddddddddddddd
                                           aaaaaaaaaaaaaaaa
                                           ttttttttttttttt
                                           eeeeeeeeeeeeee
                                           ccccccccccccccc
                                           hhhhhhhhhhhhhh
                                           hhhhhhhhhhhh
                                           üüüüüüüüüüü
                                           rrrrrrrrr
```

**opKölsch**

```
                                 eeeeeeee
                              wwwwwwwwwwwwwww
                             aaaaaaaaaaaaaaaaaa
                             tttttttttttttttttttttt
                             eeeeeeeeeeeeeeeeeeeeee
                             ccccccccccccccccccccccc
                             hhhhhhhhhhhhhhhhhhhhhh
                             ssssssssssssssssssssss
                             cccccccccccccccccccccc
                             hhhhhhhhhhhhhhhhhhhhh
                             wwwwwwwwwwwwwwwwwwww
                             aaaaaaaaaaaaaaaaaaa
                              dddddddddddddddd
                               eeeeeeeeee
```

you understa**?**nd d**i**d you understand

Wieviele **BEINAHEZUSAMMENSTOESSE** noch bis wir jeden Lufthansaflug einen *pilotprojekt* müssen

# Talkshows,

wenn es derer zu viele werden,
erzeugen den Wunsch nach Krieg.
„Damit das Gelaber endlich aufhört!"

**H**altestelle in Bottrop

Machsse?

sprache verlangt erwiderung

Hause.

Gruß!

Auch.

```
          iiiiiiiiiiii
       nnnnnnnnnnnnnnnnn
      dddddddddddddddddddd
    eeeeeeeeeeeeeeeeeeeeeeeee
    uuuuuuuuuuuuuuuuuuuuuuuu
  tttttttttttttttttttttttttttttttttt
    ssssssssssssssssssssssssssss
     ccccccccccccccccccccccccc
       hhhhhhhhhhhhhhhhhhhh
      llllllllllllllllllllllllllllll
       aaaaaaaaaaaaaaaaaaaaaa
        nnnnnnnnnnnnnnnnnn
         dddddddddddddddd
          ggggggggggggggg
          eeeeeeeeeeeeeee
           hhhhhhhhhhhh
           tttttttttttttttt
             vvvvvvvvvv
              oooooooooo
                mmmmmm
                uuuuuuu
                nnnnnnn
                 vvvvv
                 eeeeee
                  rrrrrr
                   ssss
                   ttttt
                    aa
                    nn
                    dd
                    ee
```
**in deut**   nn   **schland**
                    ee
                    nn
```
                 aaaaaaaaa
              uuuuuuuuuuuuuu
         tttttttttttttttttttttttttttttt
          ooooooooooooooooooooooo
           rrrrrrrrrrrrrrrrrrrrrrrrrrr
         iiiiiiiiiiiiiiiiiiiiiiiiiiiiiiiiiiii
          ttttttttttttttttttttttttttttttttt
          äääääääääääääääääääääää
          ttttttttttttttttttttttttttttttt
          aaaaaaaaaaaaaaaaaaaaaaaa
             uuuuuuuuuuuuuuuu
                sssssssssssss
```

         er wer wer wer wer wer we
            ert publizie            publiziert publizi
            iert riskiert r         iskiert riskiert risk
        s es es es es es es         s es es es es es e es
        elesen gelesen gele         gelesen gelesen gel
         u zu zu zu zu z            u zu zu zu zu zu zu
                                erden werden werden wer
              e gute gute          gute gute gute gut
            ektoren lektor          lektoren lektoren l
            ünden begründ           begründen begrün
        amit damit damit            amit damit damit d
        die die die die die d       die die die die die d
        ablehnung ablehnung ablehnung ablehnung ablehnu
        on von von von von von von  von von von von von
              manuskripten            ripten manuskr **chtung!**

```
                                        r
                                     e
                                  t
                           r
                        e
                     o
man rief     w        aber es kamen buchstaben:  a,
                     o                            e,
                        e                         g,
                           r                      i, i,
                                  t               n, n,
                                     e            o,
                                        r         r,
                                                  t, t


                              es dauerte jahre,
                bis das wort integration erkannt wurde.
```

W *Ich* r

s *bin* n d

d *der* s

V *Volker* l k

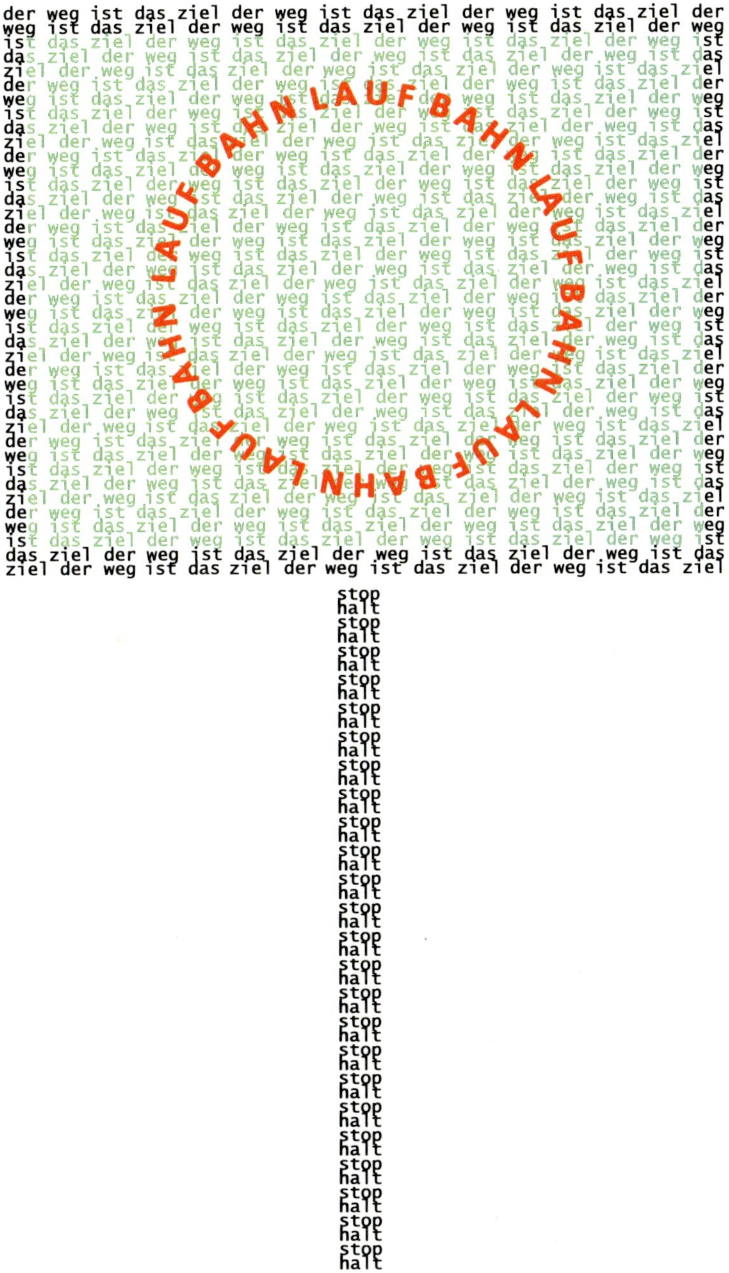

der weg ist das ziel der weg ist das ziel der weg ist das ziel der
weg ist das ziel der weg ist das ziel der weg ist das ziel der weg
ist das ziel der weg ist das ziel der weg ist das ziel der weg ist
das ziel der weg ist das ziel der weg ist das ziel der weg ist das
ziel der weg ist das ziel der weg ist das ziel der weg ist das ziel
der weg ist das ziel der weg ist das ziel der weg ist das ziel der
weg ist das ziel der weg ist das ziel der weg ist das ziel der weg
ist das ziel der weg ist das ziel der weg ist das ziel der weg ist
das ziel der weg ist das ziel der weg ist das ziel der weg ist das
ziel der weg ist das ziel der weg ist das ziel der weg ist das ziel
der weg ist das ziel der weg ist das ziel der weg ist das ziel der
weg ist das ziel der weg ist das ziel der weg ist das ziel der weg
ist das ziel der weg ist das ziel der weg ist das ziel der weg ist
das ziel der weg ist das ziel der weg ist das ziel der weg ist das
ziel der weg ist das ziel der weg ist das ziel der weg ist das ziel
der weg ist das ziel der weg ist das ziel der weg ist das ziel der
weg ist das ziel der weg ist das ziel der weg ist das ziel der weg
ist das ziel der weg ist das ziel der weg ist das ziel der weg ist
das ziel der weg ist das ziel der weg ist das ziel der weg ist das
ziel der weg ist das ziel der weg ist das ziel der weg ist das ziel
der weg ist das ziel der weg ist das ziel der weg ist das ziel der
weg ist das ziel der weg ist das ziel der weg ist das ziel der weg
ist das ziel der weg ist das ziel der weg ist das ziel der weg ist
das ziel der weg ist das ziel der weg ist das ziel der weg ist das
ziel der weg ist das ziel der weg ist das ziel der weg ist das ziel
der weg ist das ziel der weg ist das ziel der weg ist das ziel der
weg ist das ziel der weg ist das ziel der weg ist das ziel der weg
ist das ziel der weg ist das ziel der weg ist das ziel der weg ist
das ziel der weg ist das ziel der weg ist das ziel der weg ist das
ziel der weg ist das ziel der weg ist das ziel der weg ist das ziel
der weg ist das ziel der weg ist das ziel der weg ist das ziel der
weg ist das ziel der weg ist das ziel der weg ist das ziel der weg
ist das ziel der weg ist das ziel der weg ist das ziel der weg ist
das ziel der weg ist das ziel der weg ist das ziel der weg ist das
ziel der weg ist das ziel der weg ist das ziel der weg ist das ziel
der weg ist das ziel der weg ist das ziel der weg ist das ziel der
weg ist das ziel der weg ist das ziel der weg ist das ziel der weg
ist das ziel der weg ist das ziel der weg ist das ziel der weg ist
das ziel der weg ist das ziel der weg ist das ziel der weg ist das
ziel der weg ist das ziel der weg ist das ziel der weg ist das ziel

LAUFBAHNLAUFBAHNLAUFBAHNLAUFBAHN

stop
halt
stop
halt
stop
halt
stop
halt
stop
halt
stop
halt
stop
halt
stop
halt
stop
halt
stop
halt
stop
halt
stop
halt
stop
halt
stop
halt
stop
halt
stop
halt
stop
halt
stop
halt
stop
halt
stop
halt
stop
halt
stop
halt
stop
halt
stop
halt

**Reifenschlauch**

Wer ein Kind
**in der Pubertät hat,**
versteht sofort!

Er zog den

        Spatz

              in der Hand

der

        Taube

              auf dem Dach vor.

Der Fake

      in der Luft

    klatschte Beifall.

**COOL**
seinkön
nennurm
ännernu
rmänner
nwachse
ndreita
gebärte

Bäumchen pflanzen,
Häuslein bauen,
Söhnchen zeugen,
Büchlein schreiben.

## ZWERGE STEHEN IHREN Mann

Das unverkäufliche Buch.
Der undankbare Sohn.
Das hoch verschuldete Haus.
Der alles verdunkelnde Baum.

Koma saufen.
Amok laufen.

Morge**n**stund

hat w**ur**m im mund

Also **h** noch
ein Stündchen
liegen bleiben!

stetes

nach

tröpfeln

höhlt

den rolling stone

von der protest

zur prostata

generation

```
            e
          s g i
            b t
            n
            i
            c
            h
            t
          s k
            o
          m p l
          i z i e
            r t
          e s a u ß e r
          m a n      k o n
      s t r              u i e
  r t                        e s
```

(reading: es gibt nicht so kompliziert es außer man konstruiert es)

A B C
D E F
U C K
Y O U

**ABC-Schützen**
da abholen,
wo sie stehen!

**W**er in einem Land,
wo der Einäugige König ist,
Demokratie fordert,
will die Herrschaft der Blindheit.

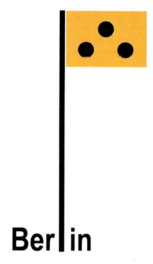

Ber|in

# Autonomie

Der Normalverbraucher stutzt.
Ihm genügt Ottonomie.

A ↓
B ↓
Z ↓                SUIZID
Ä ↓                 und
H ↓                GENOZID
                    erst
                    eins
                    dann
                    zwei
L ↓                ÖKOZID
                    und
R ↓                OMNIZID
                    dann
E ↓                 drei
                    und
I                   vier
Das ↓ waren wir
M

# Dichterlesung

Ein *A*utor, der aus

seinen *W*erken liest,

ist wie ein *K*och,

der 's *G*astmahl selber isst.

```
                    e
                    c
                    h
                    o
                    l
                    o
                    t
    a l l e i n d e r
      i s t s o u v e
        r a e n d e r
          s e i n s e
            l b s t b
              e w u s
                s t s
                  e i
                    n
                    nicht
                    ausde
                    emver
                    rglei
                    chmit
                    ander
                    ensch
                    oepft
```

```
            b
            o
            k y
          k o k
          f r i o
          l u t t
            i g i t
              e d e i
              d e r e
              e n t r
            r p a t
            d a u d
            e a f i
            n r b e
            h a a b
            u e e a
            e s n n
            t t k k
            e e e e
              n n n n
```
*Liberty*

# lebenslauf

jelaenger
dasspiel
dauertd
estowe
niger
zeit
ble
ib
t

```
spielend          es
pielende         sp
ielendesp       spi
lendespie      spie
lendespielendespiel
endespielendespielen
despielendespielend
espielendespielende
spielendespielendes
pielendespielendesp
ielendespielendespi
elendespielendespie
lendespielendespiel
```

Marginalie (7)

Auf Schritt & Tritt
sind wir von Komparationen umstellt,
die ein **MEHR** signalisieren,
aber ein **WENIGER** bedeuten:
Ein **ÄLTERER MANN**
ist keineswegs einer,
der **ÄLTER**,
vielmehr einer,
der **JÜNGER**
als ein alter ist.

AA
UHU
OTTO
RENTNER
MARKTKRAM
LAGERREGAL
OH CET ECHO
RELIEFPFEILER
RETSINAKANISTER
DOGMA I: I AM GOD
EINE NOTE BETONE NIE
ANNI MEIDE DIE MINNA
REIT NIE TOT EIN TIER
PUR IST SAFT FAST SIRUP
ILLONA LIEGT GEIL AN OLLI
TUNK NIE EIN KNIE EIN KNUT
ELLA RÜFFELTE DETLEF FÜR ALLE
REGAL MIT SIRUP PUR IST IM LAGER
EIN SEETIER ISS O OSSI REITE ES NIE
ERIKA FEUERT NUR UNTREUE FAKIRE
DIE LIEBE IST SIEGER REGE IST SIE BEI LEID
EIN NEGER MIT GAZELLE ZAGT IM REGEN NIE
IDA WAR IM ATLAS ABDUL LUD BASALT AM IRAWADI

*Frohes Fest*

EINS NUTZT
UNS: AMORE
DIE REDEREI DA
DIE REDEREI DER
OMAS NUTZT UNS NIE

Dieses Buch wurde geschrieben, als in Deutschland
**KLARE MAENGEL**
die Richtlinien der Politik bestimmte
und in der Unterhaltungsindustrie
**BLOEDENHIRTE**
den Ton angab.

**Autor**

Klaus Hansen, Dr. phil., entpflichteter Professor, ins Blaue schreibender Autor. Lebt in Stommeln / Rheinland.

Jüngste Buchpublikationen: *Jedem Anpfiff wohnt ein Zauber inne. Neue Fußballpoesie*, Mannheim 2013; *Die Hochschule als komischer Ort*, Bochum 2013; *shit.COLOGNE. 100 Szenen aus dem kulturellen Leben der einzigen italienischen Stadt nördlich der Alpen*, Köln 2014; *Als das Flutlicht noch schwarzweiss war. Fußballtypos*, Wuppertal 2016.

---

**Vom Autor
außerdem im rrv**

Klaus Hansen: *shit.COLOGNE*
100 Szenen aus dem kulturellen Leben der einzigen italienischen Stadt nördlich der Alpen. Mit fünf visuellen Aphorismen des Autors und einer Umschlagzeichnung von Walter Hanel. 112 Seiten, broschiert. Roland Reischl Verlag, Köln.
ISBN: 978-3-943580-10-5. **10,00 Euro.**

Vor der Litcologne ist nach der Litcologne. Alle Jahre wieder findet in Köln das Vorlese-Festival mit Hör-Erlebnissen für die ganze Familie statt. Hierüber – und über andere Eigenarten des Medien- und Kulturbetriebes – hat Klaus Hansen die Parodie für Selber-Leser verfasst. Ein Buch voller satirischer Minutentexte, die auch außerhalb der Event-Metropole eine kurzweilige Lektüre versprechen. **www.shit-cologne.de**